Egbokanlé Roméo Salami

« Veillez et Priez »

Egbokanlé Roméo Salami

« Veillez et Priez »

La Lectio divina : une lumière pour la vie
Edition revue et corrigée Préface du P. Serge TIDJANI

Éditions Croix du Salut

Imprint

Cover image: www.ingimage.com

Publisher:
Éditions Croix du Salut
is a trademark of
International Book Market Service Ltd., member of OmniScriptum Publishing Group
17 Meldrum Street, Beau Bassin 71504, Mauritius
Printed at: see last page
ISBN: 978-613-7-37364-4

Egbokanlé Roméo SALAMI

« VEILLEZ ET PRIEZ »

La *Lectio divina* :

une lumière pour la vie

édition revue et corrigée

Préface du P. Serge TIDJANI

Du même auteur

L'aventure d'Iwé sur les chemins du savoir, Paris, L'harmattan, 2016.

Egbokanlé Roméo SALAMI

« VEILLEZ ET PRIEZ »

La *Lectio divina* :

une lumière pour la vie

édition revue et corrigée

Préface du P. Serge TIDJANI

A feu mon père : R. Joseph

A feux mes confrères salésiens :

Fernandez Antonio César

et Hernández Fernando...

PRÉFACE

« Amen, amen, je vous le dis :
qui écoute ma parole et croit en Celui qui m'a envoyé,
obtient la vie éternelle et il échappe au jugement,
car déjà il passe de la mort à la vie. » (Jn 5, 24)

Roméo Salami, à l'occasion de son entrée dans la vie sacerdotale, en digne fils de Jean Bosco, s'empresse de nous ouvrir son cœur en nous conduisant à la Parole de Dieu. Au cœur de notre monde rempli de trop de repères, - ou plutôt sans repère -, il nous rappelle que la Parole de Dieu est le premier repère du disciple du Christ. Dans la réalité existentielle de leur vie, la réaction des fidèles catholiques passent parfois d'un extrême à l'autre. Il y a ceux qui ne se gênent pas pour trouver leurs solutions, peu importe le « terrain de salut » sur lequel ils iraient jouer : ils ne trouvent pas la moindre contradiction entre la foi qu'ils professent, la Parole qu'ils écoutent, et le fait de courir vers d'autres dieux, d'autres cercles de pensées ou d'actions qui les éloignent de l'Évangile ; ils font penser à la mise en garde de Paul : « Un temps viendra où les gens ne supporteront plus l'enseignement de la saine doctrine ; mais, au gré de leurs caprices, ils iront se chercher une foule de maîtres pour calmer leur démangeaison d'entendre du nouveau. Ils refuseront d'entendre la vérité pour se tourner vers des récits mythologiques.» (2 Tm 4, 3-4). Il y a ceux qui sont dépourvus et ne savent littéralement « à quel saint se vouer », parfois en quête de « prières efficaces » qui déboucheraient, comme par enchantement, toutes les issues malencontreuses de leur vie. Il y en a qui, de bonne foi, sans doute, en cherchant leur réponse dans la Parole de Dieu, finissent par prendre chaque mot de la Bible à la lettre et tombent soit dans un fondamentalisme dangereux, soit dans une « magie » ou un piétisme inquiétant. Au cœur de ce fouillis, il y en a aussi, heureusement, qui s'adonnent à la Parole de Dieu, avec cette conviction de foi que c'est Elle qui guide et doit guider leur vie.

La réponse du Salésien Roméo Salami, à cette quête humaine (spirituelle et matérielle) des chrétiens d'avoir un repère sûr, est un appel à suivre l'exemple de cette dernière catégorie : faire de la Parole de Dieu, lue, méditée, priée et contemplée, le moteur qui pousse « l'être et l'agir chrétien ». La *Lectio divina*, dès lors, n'est plus seulement un exercice spirituel, ni une simple méthode de prière ; elle devient un mode de vivre : vivre (de) la Parole. C'est un des apports-clés de cet opuscule.

Après avoir peint un petit tableau spirituel, avouons-le inquiétant, de ces temps où nous sommes, spécialement en contexte africain, l'auteur propose la *Lectio divina* comme solution : elle est un exercice spirituel qui combine à la fois prière et connaissance de la Parole de Dieu. À celui qui est peu habitué à vivre la *Lectio divina*, il propose ensuite « la Méthode Benoît XVI», un chemin simple qui passe par diverses étapes (*lectio*, *meditatio*, *oratio*, *contemplatio*) et aboutit autant que possible à l'action. À la fin de son ouvrage, il nous introduit succinctement au Ps 119 avant de nous laisser bercer par ce psaume qui permet de prier et de méditer la Parole.

Depuis le Concile Vatican II, avec *Dei Verbum*, l'Église catholique a mis beaucoup d'emphase sur l'importance de la Parole : synodes, lettres apostoliques, *motu proprio*, allocutions pontificales diverses, publications du Magistère, tous y sont revenus. Mais force est de constater que le peuple chrétien doit encore apprendre à se familiariser avec la Parole de Dieu. On fait de la Bible une « affaire de spécialiste », comme si elle était une Parole offerte à quelques-uns. L'opuscule de notre jeune frère Roméo Salami s'inscrit au contraire dans le souci de vulgarisation simple, pratique et vivifiante de la Parole de Dieu. Manger la chair du Fils de l'homme donne la vie et la résurrection (cf. Jn 6, 54) au même titre qu'écouter sa Parole (cf. Jn 5, 24). Comme fidèles catholiques, nous sommes invités à valoriser, dans nos vies, la Parole de Dieu de la même façon que nous valorisons les sacrements. La *Lectio divina* est un moyen simple et sûr pour arriver à cette fin. Saint Jérôme ne nous rappelle-t-il pas que l'ignorance des Écritures est l'ignorance du Christ. On ne peut pas croire au Christ si on ne l'a pas connu ; on ne peut pas le connaître, si on n'écoute pas ce qu'il dit. Et ce qu'il dit, c'est Lui-même.

En contexte africain, le fidèle chrétien est aussi invité à faire entrer la Parole de Dieu de façon pratique dans sa vie concrète : il est beau de voir des foules de fidèles rassemblées, qui « prient », qui chantent, qui attendent un miracle, qui s'exaltent ! Mais à ces grandes manifestations ostentatoires de la foi - qui certes sont aussi nécessaires -, nous devons apprendre aussi l'intériorisation (collective et individuelle) de la Parole de Dieu, nous devons apprendre à nous taire pour écouter Dieu en nous et à répondre à ses appels.

Je voudrais faire mienne cette exhortation de Saint Jacques à quiconque tient en main ce petit livre : « Mettez la Parole en pratique, ne vous contentez pas de l'écouter : ce serait vous faire illusion. Car si quelqu'un écoute la Parole sans la mettre en pratique, il est comparable à un homme qui observe dans un miroir son visage tel qu'il est, et qui, aussitôt après, s'en va en oubliant comment il était. Au contraire, celui qui se penche sur la loi parfaite, celle de la liberté, et qui s'y tient, lui qui l'écoute non pour l'oublier, mais pour la mettre en pratique dans ses actes, celui-là sera heureux d'agir ainsi. » (Jc 1, 22-25).

Je remercie et je félicite Roméo Salami qui nous produit cet opuscule simple, clair et pratique. Ce petit livre, pourtant si riche, peut devenir un outil facile d'utilisation pour toute personne désirant illuminer sa vie de Jésus, Verbe fait chair.

À toi, enfant de Dieu qui a ce livre dans tes mains, je t'invite à dire : « Parle, Seigneur, ton serviteur (ta servante) écoute » (1 S 3, 9).

Abbé Serge Danialou TIDJANI

INTRODUCTION

De plus en plus ballotés par des vents contraires à la saine vie de foi et à des orientations éthiques édifiantes, mais aussi confrontés à leurs propres limites, les chrétiens, très souvent désemparés, sont généralement en quête de repères sûrs. Cette quête, aussi légitime qu'elle soit, conduit certains membres de nos communautés ecclésiales à des errances sans nom. Malheureusement, il faudra affirmer qu'ils cherchent au loin ce qui est près d'eux.

Il est parfois triste de voir des chrétiens se comporter comme des hommes souffrant de faim au milieu d'un verger reposant sur un sous-sol riche. Un peu d'attention suffirait pour constater cette richesse, la mettre en valeur et en user pour un épanouissement intégral. Et c'est à cette attention que nous voulons inviter dans le présent opuscule, en faisant ressortir du patrimoine spirituel de l'Eglise une expérience spirituelle à même de nous aider à trouver des repères sûrs.

Cette expérience spirituelle est la *Lectio divina.* Elle correspond à la dynamique spirituelle que propose l'Eglise et que rappelle, haut et fort, le Cardinal Robert Sarah dans son édifiant ouvrage *Dieu ou rien.*

«Veillez et priez » : une exhortation encore actuelle

« Veillez et priez pour ne pas entrer en tentation » (Mt 26, 41). Qu'il nous souvienne que c'était devant leur impuissance à lutter contre le sommeil, en une nuit d'épreuve, que le Seigneur adressa ces paroles à ses disciples. En cette heure cruciale où Jésus s'avançait vers la grande épreuve, ses disciples avaient du mal à tenir dans la prière avec Lui. Cette attitude est encore à déplorer chez certains chrétiens qui peinent à faire preuve de solidité intérieure au niveau éthique et spirituel en des moments d'épreuve.

Ces moments d'épreuve sont parfois vécus, personnellement ou collectivement, comme un silence de Dieu, une absence assimilée à une certaine impuissance. Veiller avec Jésus en ces moments est un véritable combat. Car, il n'est pas facile de résister au sommeil spirituel et éthique dans notre monde où les disciples du Christ sont constamment soumis à l'épreuve. Le sommeil spirituel, dont il est question, concerne aussi bien l'abandon de la chose spirituelle que son vécu hybride et touffu. Ainsi, ce sommeil englobe aussi bien l'adoption de l'athéisme pratique que celle du syncrétisme.

L'athéisme pratique dont il est question conduit à assumer difficilement et ce de façon totale son histoire, car il ampute l'homme de la dimension spirituelle. Or, croire est un besoin fondamental de l'homme, et donc une réalité à laquelle il peut difficilement se soustraire, pour ne pas dire dont il ne peut se soustraire. La satisfaction de ce besoin peut prendre diverses orientations mais ne saurait être éludée. Toutefois, user uniquement du matériel pour le satisfaire est réductionniste car, constitutivement, il y a en l'homme plus que du matériel ou du tangible. Se comprend aisément que l'athéisme pratique prône un certain réductionnisme anthropologique.

Aussi, l'autre extrême, celle de la satisfaction désordonnée de ce besoin, caractéristique des manières de penser et de faire de nos sociétés consuméristes, n'est pas à conseiller puisqu'il conduit souvent au syncrétisme.

En ces temps qui sont nôtres et dans nos contextes subsahariens, il faut avouer que ce phénomène du syncrétisme touche de plus en plus les croyants. Ce qu'il y a d'attristant dans ce constat est que les chrétiens, ceux qui ont professé la foi en Jésus-Christ, Unique Sauveur, sont aussi touchés par le syncrétisme.

En effet, des chrétiens et tragiquement des catholiques n'arrivent plus aux heures d'épreuve à savoir à quel mât s'accrocher et quel cap prendre. Ainsi, quand il n'est pas donné de constater un refus pratique de la chose religieuse pour vivre sa vie comme on l'entend et l'assumer difficilement, on assiste à un syncrétisme rempli de quiproquo.

Avec cette deuxième option qu'adoptent certains disciples du Christ, il n'est pas étonnant de constater une certaine schizophrénie en des chrétiens qui viennent à l'Eglise le jour et sacrifient à d'autres divinités la nuit ou sont en même temps membres de l'Eglise et membres de sectes ou sociétés dites ésotériques. Ces chrétiens se laissent séduire par la pratique de ces choses dont on a même honte de parler au grand jour. C'est pour éviter aux chrétiens d'Ephèse de tomber dans cette inconduite que Saint Paul les exhortait en ces termes : « Discernez ce qui plaît au Seigneur, et ne prenez aucune part aux œuvres stériles des ténèbres, dénoncez-les plutôt » (Ep 5, 10-11). Car « ce que ces gens-là font en cachette, on a honte même de le dire » (Ep 5, 12).

Bizarrement ce sont ces choses qui se font en cachette et font honte qui attirent les esprits peu lucides. Outre cela, il faut reconnaître qu'il y a aussi le charme du langage sophistiqué de certains courants philosophico-spirituels qui conduit les croyants et spécifiquement les chrétiens au syncrétisme. Or, ces systèmes contiennent des ambigüités que certains des nôtres peinent à démasquer, faute de connaissance prudente et approfondie sur la chose religieuse et spirituelle.

Concernant ceux qui développent ces systèmes de pensée, juste pour éblouir sans y être, au fond, pleinement engagés eux-mêmes, Søren Kierkegaard fait une belle remarque :

> Tel penseur élève une bâtisse immense, un système, un système universel embrassant toute l'existence et l'histoire du monde, etc., mais regarde-t-on sa vie privée, on découvre ébaubi ce ridicule énorme, qu'il n'habite pas lui-même ce vaste palais aux hautes voûtes, mais une grange à côté, un chenil, ou tout au plus la loge du concierge ! Et qu'on risque un mot pour lui faire remarquer cette contradiction, il se fâche[1].

Et il faut le dire, de nos jours, les tenants de ces genres de pensées dans nos sociétés se fâchent quand on leur fait la remarque. Ce sentiment les conduit à handicaper l'avenir professionnel de ceux qui leur font cette remarque, par un simple refus de leur proposition. Il convient de reconnaître que s'exerce dans certains milieux, tant professionnels que sociaux, une pression subtile s'appuyant sur le rang social ou la carrure professionnelle, pour égarer par des élucubrations chimériques ou encore pire pour coopter de nouveaux adeptes pour des loges ou associations dites spirituelles et secrètes.

---

[1] Søren Kierkegaard, *Traité du désespoir,* Paris, Gallimard, 1945, p. 107.

Ces entités s'appuyant sur des présupposés d'égalité et de liberté doivent parfois leur survie à l'oppression subtile exercée sur les libertés. C'est un paradoxe !

Cela devient ridicule quand cette oppression use de la pression économique ou du besoin matériel légitime pour jouer sur la liberté des personnes désireuses d'être fidèles à leur foi. Comme garant des libertés, l'appareil juridique étatique devrait aussi lutter contre ces abus, subtilement glissés derrière des façades d'honnêtes procédures.

Ces manigances visent souvent à subvertir l'ordre éthique. C'est pour cela que l'on est en droit de se poser des questions sur la notion de liberté et de justice dans nos sociétés dites démocratiques quand l'adhésion à des orientations éthiques et des comportements décriés, qui n'ont rien à voir avec une profession, deviennent des critères de recrutement et de promotion sociale. En effet, user de cette forme d'oppression, c'est passer du désir de reconnaissance à un besoin abjecte d'allégeance.

Cette attitude indigne est regrettable quand l'oppression en question est fomentée pour éprouver les convictions de foi et de vie des jeunes encore sur le chemin de la maturation à tous les niveaux. On s'en prend au faible en croyant qu'il n'a pas de défenseur. Mais, tout comme Job, qui a connu de tragiques épreuves dont l'Adversaire était l'auteur, les fidèles du Seigneur ont cette assurance : « J'ai dans les cieux un témoin, là-haut se tient mon défenseur » (Jb 16, 19).

Toutefois, à côté de ces phénomènes à la base de l'option faite par quelques-uns du syncrétisme, il y a aussi l'étanchement maladroit de la soif spirituelle comme cause de cette errance spirituelle. Cette dernière cause dévoile ce qui arrive à ceux qui recherchent sans discernement des solutions de toutes sortes à la foire du religieux dont notre société est un véritable reflet.

En effet, s'il est vrai que l'homme doit inévitablement satisfaire cette soif, c'est parce que se trouve profondément enfouir en lui le souffle divin (cf. Gn 2, 7) qui rappelle son être spirituel. Naturellement, l'homme porte en lui le germe divin. C'est ce qu'exprime la belle expression chrétienne : "créé à l'image de Dieu" (cf. Gn 1, 26). Et de même que l'image ne peut exister sans le modèle de base et que les ruisseaux ne peuvent subsister sans leur source, de même sans Dieu, sans la connaissance de cet Amour, il serait difficile à l'homme d'être authentiquement lui-même.

C'est à raison que le Seigneur, par la bouche du prophète Osée, déclare : « Mon peuple périt, faute de connaissance » (Os 4, 6). Cyniquement, c'est ce même verset que des mécréants emploient pour éloigner les croyants surtout les chrétiens de la véritable source de connaissance. Pire, ils les embarquent dans un vacarme d'idéologies et de pratiques religieuses qui, au lieu de les aider à être spirituellement solides, les conduit plutôt au vagabondage spirituel, au syncrétisme fondé, en fait, sur le relativisme spirituel.

Quand ce syncrétisme, fondé sur le relativisme spirituel, élit demeure chez un(e) chrétien(e), cela peut, outre les considérations déjà faites, s'expliquer par le fait qu'il(elle) ne croit plus en Celui en qui, il(elle) avait premièrement cru, ou qu'il(elle) n'est plus convaincu(e) de ce qu'il(elle) croit actuellement. Ce doute, ayant à sa base un défaut de connaissance et de conviction, produit habituellement une fragilité à la fois spirituelle, psychologique et morale à affronter des épreuves liées à des situations de vie tels des échecs à divers niveaux, des épreuves intérieures, un chômage prolongé, une quête de foyer et de progéniture frôlant le désespoir, une longue maladie ou encore la confrontation à des formes d'adversités étonnantes et paranormales...

Ce genre de doute alimente la peur. Cette peur est quelquefois si profonde qu'elle devient le terreau du désir d'accumuler des amulettes et des formules magiques ou spirituellement pratiques pour affronter ces situations. Ainsi, l'on va au gré du vent spirituel parce que l'on n'a pas construit sur du roc. Malheureusement, ce phénomène affecte tant le chrétien paysan que le chrétien cadre. Dans l'entre-deux de ceux qui ont déjà succombé, se trouvent ceux qui vacillent encore. Ce vent d'errance souffle si fort que personne ne peut se croire à l'abri. Mais le psalmiste ne rappelle-t-il pas à celui ou celle qui, en ces moments d'obscurité, se met sous l'ombre de Dieu (cf. Ps 90[2], 1) ce qui suit: « Qu'il en tombe mille à tes côtés et dix mille à ta droite, toi, tu restes hors d'atteinte » (Ps 90, 7).

Nous avons donc, en cette époque, à accueillir à nouveau l'exhortation du Seigneur (cf. Mt 26, 41) et à en tirer les conséquences pratiques pour nourrir notre vie de foi afin de ne pas succomber soit en suivant les faux bergers soit en vivant sous l'ombre de nos limites. Dans la ligne de cette exhortation, le Cardinal Sarah, dans son livre *Dieu ou rien,* fait une éclairante analyse de la situation surtout celle de notre contexte africain. Il décrit des phénomènes inquiétants, précise certaines de leurs causes, qui ont de quoi faire honte.

Ce qui est réjouissant dans la finale de cette analyse est que ce maître spirituel de notre temps, comme le révèle le pape émérite Benoît XVI[3], nous rappelle, à la suite de l'Eglise, sacrement de

---

[2] Pour les psaumes, nous utilisons les versions liturgiques qui ont pour numérotations, celles de la Septante.

[3] Cf. BenoÎt XVI, « Préface », dans Robert Sarah, Nicolas Diat, *La force du silence. Contre la dictature du bruit,* Paris, Librairie Arthème Fayard/Pluriel, 2017, XIV.

Jésus-Christ, le cap sûr, mieux le roc, sur lequel nous devons bâtir notre vie de foi. Le Cardinal écrit :

> Le vagabondage spirituel est aussi porté par le relativisme ambiant. Dans le vent des modes qui passent, sans racines spirituelles, sans la nourriture de la prière, chaque chrétien est en danger. Quand je vois de jeunes catholiques africains retournant vers les cultes traditionnels, où la pratique des sacrifices est courante, je mesure combien les prêtres n'ont pas su étancher une grande soif. La légèreté de vie de foi peut conduire à des dérives parfois difficiles à enrayer. Ce qui me fend le cœur, c'est la blessure profonde provoquée par des prêtres catholiques africains qui ont abandonné la grâce du sacerdoce pour entrer dans des sectes et y exercer une sorte de ministère sacerdotal sacrilège. Quelle déchéance ! Quel poignard dans le cœur de Jésus ! Ma seule réponse reste la prière[4].

De l'analyse du Cardinal, nous retenons que ***la prière est le véritable roc de toute vie***. La prière est la flamme de la sentinelle. Le Seigneur, lui-même, nous y exhorte : « Veillez donc et priez en tout temps, afin d'avoir la force d'échapper à tout ce qui doit arriver, et de vous tenir debout devant le Fils de l'homme » (Lc 21, 36). Saint Paul, quant à lui, nous demande de persévérer dans cette attitude spirituelle (cf. Col 4, 2).

Ainsi, à la connaissance de Dieu qui nous évite de périr (cf. Os 4, 6), il convient d'articuler la prière pour résister aux sirènes de notre époque. C'est en cela qu'ils sont lumineux ces propos du

---

[4] Robert Sarah, Nicolas Diat, *Dieu ou rien,* Paris, Fayard, 2015, p. 167.

Cardinal Sarah comme réponse aux défis actuels : « L'Eglise n'a qu'une seule méthode : la recherche de Dieu dans la prière, et la connaissance approfondie et méditée de sa Parole[5] ». Le binôme prière et connaissance est important dans la relation avec Dieu.

Ne pas tenir compte de l'un ou de l'autre serait un handicap. C'est pourquoi l'on s'étonne de la multiplication des groupes de prières où le piétisme prend le pas sur la pure piété. L'étonnement devient grand quand il est donné de constater que des membres actifs de ces groupes les quittent pour aller chercher la véritable connaissance ailleurs. Prière et connaissance de Dieu doivent aller de pair non seulement pour éviter d'errer mais aussi parce qu'il est bon de savoir rendre raison de son espérance (cf. 1 P 3, 15). Cela est important puisque « ***la foi et la raison sont comme les deux ailes qui permettent à l'esprit humain de s'élever vers la contemplation de la vérité*** »[6].

Il est vrai que dans le domaine de la connaissance divine, Dieu peut se révéler par divers moyens mais la voie des Ecritures est à affectionner. D'ailleurs, pour la connaissance de Jésus-Christ, Révélation du Vrai Dieu (Cf. Jn 14, 9), Saint Jérôme affirme sans ambages : « Ignorer les Ecritures, c'est ignorer le Christ ». Dans cette voie de connaissance, il ne suffit pas d'avoir des instruments

[5] *Idem.*
[6] Jean-Paul II, Préambule de l'encyclique *Fides et Ratio*.

méthodologiques ou analytiques pour saisir les Ecritures. La prière est indispensable même dans le processus de connaissance. C'est ce qu'Origène rappela à Grégoire quand il lui écrivit:

> Applique-toi principalement à la lecture des divines Écritures : applique-toi bien à cela (...) En t'appliquant à les lire avec l'intention de croire et de plaire à Dieu, frappe, dans ta lecture, à la porte de ce qui est fermé, et il t'ouvrira, le portier dont Jésus a dit : "À celui-là le portier ouvre". En t'appliquant à cette divine lecture, cherche avec droiture et avec une confiance inébranlable en Dieu le sens des divins Écrits, caché au grand nombre. Ne te contente pas de frapper et de chercher, car il est absolument nécessaire de prier pour comprendre les choses divines[7].

La véritable connaissance des Ecritures éloigne du narcissisme qui peut nous conduire à prétendre être le seul acteur dans le processus des connaissances obtenues à partir d'Elles. Aussi le lien avec la prière fait d'elle une forme unique de connaissance qui éduque à la prière. Sans nier les divers types de connaissances qui peuvent être induits de la Bible, l'on souligne que celle évoquée par Origène est à privilégier.

Ainsi, une certaine connaissance de Dieu sans une vie de prière est une connaissance handicapée ou borgne. L'on est vraiment en droit de se poser des questions sur l'entretien de la dimension spirituelle, inhérente à tout être humain, chez ces personnes qui se donnent des titres relevant de la connaissance

---

[7] Origène, *Origenis Epistola ad Gregorium,* 3.

divine mais qui se montrent hostiles à une saine vie de prière. Ce flou existentiel qu'elles cherchent à entretenir n'étonne plus quand, on s'entend, finalement, révéler que l'un ou l'autre de ces personnes a fini par s'adonner à une vie spirituelle confuse, masquée derrière une recherche spirituelle sans borne ni terme.

Il convient d'avouer que malgré certains constats ci-dessus mentionnés, il y a dans la barque de l'Eglise, des chrétiens qui offrent un lumineux témoignage de foi. Au milieu des épreuves de la vie, ils suivent avec espérance les pas du Ressuscité, Jésus-Christ, et illuminent ce monde de leur espérance.

C'est pour affermir ceux-ci et pour soutenir ceux et celles qui luttent encore pour cette espérance que nous proposons cet opuscule qui fait écho à une voie spirituelle héritée de la noble tradition de l'Eglise. En effet, la méthode de l'Eglise proclamée, haut et fort, par le Cardinal Sarah est une belle et précieuse perle à conserver dans son entièreté. C'est en se voulant fidèle à cette méthode que nous proposons d'approfondir avec chacun (e) de vous, par l'entremise de cet opuscule, une expérience spirituelle singulière de l'Eglise qui intègre ces deux aspects indispensables à la vie chrétienne, à savoir : la prière et la connaissance approfondie de la Parole. Il s'agit de la ***Lectio divina***. C'est donc cette forme de prière que nous nous proposons dans cet opuscule comme lumière, mât et gouvernail de notre vie chrétienne.

La *Lectio divina* : une manière de prier

Saisir le sens de la *Lectio divina* requiert de saisir au préalable le sens de la prière dans la Tradition de l'Eglise. Pour cela, mettons-nous à nouveau à l'écoute du Cardinal Sarah.

La prière : le roc de la vie chrétienne

Le Cardinal Sarah, dans son livre *Dieu ou rien*, offre, avec une grande sagesse, une belle élucidation du sens de la prière, et ce à partir d'une anecdote. Que l'on veuille bien excuser la longueur de cette citation en y voyant le désir d'un ami de partager avec les siens jusqu'à la lie un agréable breuvage.

> Un jour, un vieux professeur fut engagé pour donner une formation sur la planification efficace de son temps à un groupe d'une quinzaine de dirigeants de grandes entreprises. Ce cours constituait l'un des cinq ateliers de leur journée de formation. Le vieux professeur n'avait donc qu'une heure. Debout, il les regarda un par un, lentement, puis il leur dit : « Nous allons réaliser une expérience.» De dessous la table, le professeur sortit un immense pot de plusieurs litres qu'il posa délicatement en face de lui. Ensuite, il exhiba une douzaine de cailloux à peu près gros comme des balles de tennis et les plaça délicatement, un par un, dans le grand pot. Lorsque le pot fut rempli jusqu'au bord, et qu'il fut impossible d'y ajouter un caillou de plus, il leva les yeux vers ses élèves et leur demanda : « Est-ce que le pot est plein ?» Tous répondirent: « Oui. » Il attendit quelques secondes et ajouta : « Vraiment ? » Alors il se pencha de nouveau et sortit de sous la table un

récipient rempli de graviers. Avec minutie, il versa ces graviers sur les gros cailloux puis brassa légèrement le pot. Les morceaux de graviers s'infiltrèrent entre les cailloux jusqu'au fond du pot. Le vieux professeur leva à nouveau les yeux vers son auditoire et redemanda : « Est-ce que le pot est plein ? » Cette fois, ses brillants élèves commencèrent à comprendre son manège. L'un d'eux répondit : « Probablement pas ! » « Bien ! » répondit le vieux professeur. Il se pencha de nouveau et cette fois sortit du sable de sous la table. Il le versa dans le pot. Le sable alla remplir les espaces entre les gros cailloux et les graviers. Encore une fois, il demanda : « Est-ce que le pot est plein ? » Cette fois, sans hésiter et en chœur, les élèves répondirent : « Non ! » « Bien!», répondit le vieux professeur. Et comme s'y attendaient les élèves, il prit le pichet d'eau qui était sur la table et remplit le pot jusqu'à ras bord. Le vieux professeur dit alors : « Quelle grande vérité nous démontre cette expérience ? » Pas fou, le plus audacieux des élèves, songeant au sujet du cours, répondit : « Cela démontre que même lorsqu'on croit que notre agenda est complètement rempli, si l'on veut vraiment, on peut y ajouter plus de rendez-vous et plus de choses à faire. » « Non, répondit le vieux professeur, ce n'est pas cela ! La grande vérité que nous démontre cette expérience est la suivante : si on ne met pas les gros cailloux en premier dans le pot, on ne pourra jamais les faire tous entrer ensuite. » Il y eut un profond silence, chacun prenant conscience de l'évidence de ces propos. Le vieux professeur leur dit alors : « ***Quels sont les gros cailloux dans votre vie ?*** Votre santé, votre famille, vos amis, vos rêves, votre carrière professionnelle ? Ce qu'il faut retenir, c'est l'importance de mettre les gros cailloux en premier dans sa vie, sinon on risque de ne pas la réussir. Si on donne de la priorité aux pacotilles - le gravier, le sable -, on remplira sa vie de futilités, de choses sans importance et sans valeur, et nous n'aurons plus de temps à consacrer aux éléments importants. Alors n'oubliez pas de vous poser la question : quels sont les gros cailloux de ma vie ? Ensuite, mettez-les en premier dans le pot de votre existence. » D'un geste amical de la main, le vieux professeur salua son auditoire et quitta lentement la salle[8].

Comment en écoutant cette anecdote, ne pas se poser des questions dans notre société où l'on se presse à parvenir à des niveaux ou situations de vie, pour finalement, faire l'amère expérience de la désillusion ! Celle-ci vient non seulement du constat des limites du matériel ou du rang social à satisfaire le profond bonheur de l'homme mais aussi à répondre à ses angoisses existentielles dont le questionnement sur la maladie, la souffrance, la mort... Cette désillusion est amère car s'effondre l'espoir sans borne placé dans le matériel, la reconnaissance sociale, etc. Dans ces situations, l'on est apparemment plein mais au fond vide. Ce vide est dû au manque de gros cailloux et conduit à des courses effrénées pour forcer, après le temps convenable, dans le pot de nos vies les choses que nous considérons être de gros cailloux mais qui, en réalité, ne le sont aucunement.

Pour nous chrétiens, quelle leçon devons-nous donc tirer de cette anecdote ? Le Cardinal, sous forme de question-réponse, expose la leçon à en tirer : « La prière est-elle un de ces gros

---

[8] Robert Sarah, Nicolas Diat, *Op. cit.,* 2015, pp. 168-169.

cailloux de ma vie ? Je réponds sans difficulté : ***La prière doit être le gros caillou qui doit remplir le pot de notre vie*** »[9].

Ainsi le gros caillou, le roc sur lequel il faudra bâtir nos vies pour résister même en période de grands vents contraires à la saine foi, c'est la prière. Par elle, nous sommes invités à n'être qu'à Dieu et ne compter que sur Lui.

Pour cultiver cette attitude intérieure et l'affermir, il faudra nous débarrasser de la fausse idée selon laquelle l'on devient plus fragile en abandonnant d'autres recours pour ne s'attacher qu'à Dieu seul. Cette fausse idée et la sinistrose, qui en découle, constituent une ruse du Malin pour nous détourner de cette noble voie chrétienne. Car, en réalité, il n'en est rien.

D'ailleurs, l'histoire des peuples et des personnes le prouve largement. Aucun peuple en abandonnant ce qui, au sein de sa culture, lui semble incompatible à sa relation au vrai Dieu n'a rien perdu de la force de sa culture ni de son éclat tant au niveau spirituel que culturel. L'histoire de la Mecque en est une illustration. La grande Rome, celle qui attire encore aujourd'hui, en est une preuve éclatante. En 476 quand Rome tombait, les païens accusaient les chrétiens d'être, par l'introduction de leurs mœurs, à la base de la chute de celle-ci. Saint Augustin réagit

---

[9] Robert Sarah, Nicolas Diat, *Op. cit.,* 2015, p. 169.

énergétiquement contre cette thèse dans son œuvre *La cité de Dieu*. Il montra que la chute de Rome relevait de la décadence des mœurs chez les Romains et non du christianisme. Rome de ce temps est tombée, mais postérieurement, tout en conservant le christianisme en son sein, la nouvelle Rome a fasciné pendant des siècles et attire encore des milliers de personnes de nos jours. Pour toute vérité dite, Rome d'aujourd'hui doit une grande partie de son attrait mondial actuel au christianisme.

En général, l'histoire des saints tels François d'Assise, Ignace de Loyola, Jean Bosco, par le biais de leurs œuvres et des congrégations religieuses qu'ils ont fondées, prouve suffisamment, que n'***avoir uniquement Dieu pour appui, conduit à de merveilleuses œuvres.***

Toutefois, au-delà de ces étincelles de bonheur, c'est vers un bonheur intérieur ineffable que conduit l'accueil inconditionnel de Dieu dans nos vies. Dieu révélé en Jésus-Christ est ce qu'il y a de merveilleux qui puisse advenir dans la vie d'une personne ou d'un peuple. Le fait que le Nom de Jésus soit devenu un fonds de commerce pour certains ou un slogan de publicité pour d'autres, tend à porter atteinte à sa valeur salvifique inaltérée exprimée par cette belle profession de foi : « Il n'y a pas sous le ciel d'autre nom donné aux hommes, par lequel nous devions être sauvés » (Ac 4, 12). En effet, Jésus-Christ n'enlève rien dans nos vies au point de nous rendre si fragiles contre les vents spirituels avilissants. Au contraire, Il comble notre vide.

En 2005, lors de la messe inaugurale de son pontificat, Benoît XVI donna aux jeunes un témoignage qui, au fond, est un testament spirituel : « aujourd'hui, je voudrais, avec une grande force et une grande conviction, à partir d'une longue expérience de vie personnelle, vous dire, à vous les jeunes : n'ayez pas peur du Christ ! Il n'enlève rien et il donne tout »[10]. Malheureusement, nous avons souvent de la difficulté à le comprendre. Mais en se laissant porter par Dieu, tout devient, pour nous, et ce progressivement, clair et lumineux. C'est une vérité que nous rappelle de façon simple et profonde l'hymne des Vêpres de Pâques :

> Dieu fait toujours ce qui est bon
> Pour l'homme.
> Il le découvre peu à peu,
> Doucement il ouvre nos yeux,
> Car rien n'est impossible à Dieu,
> Puisqu'il se donne[11] .

C'est à juste titre que le Cardinal Sarah affirme : « sans lien personnel avec Dieu, il n'y a pas de constance et de perspective[12] ». L'émergence de cette perspective, pour paraphraser le Cardinal

---

[10] Extrait de l'homélie du pape émérite Benoît XVI à la messe inaugurale de son pontificat, 24 avril 2005.

[11] La Tour du Pin, « Que cherchez-vous », dans *Prière du temps présent,* Paris, Cerf, Desclée, Desclée de Brower, Mame, Verbum Bible, 2007, p. 364.

[12] Robert Sarah, Nicolas Diat, *Op. cit.,* 2015, p. 167.

Sarah, passe par ***la recherche de Dieu dans la prière et la connaissance approfondie et méditée de sa Parole***. Or, l'un des exercices spirituels qui combine magnifiquement ces deux aspects est la ***Lectio divina***. Elle se trouve exprimée à un haut niveau, pour l'âme qui sait lire à travers le rite, dans l'Eucharistie. C'est en cela que se justifie toute la pertinence de la recommandation que le Magistère fait de celle-ci au prédicateur dans le *Directoire sur l'homélie* (cf. n° 27 à 36) en précisant ses liens avec différents moments de la liturgie eucharistique. La belle précision viendra de la plume du pape émérite : « Dans la lecture orante de l'Écriture Sainte, *le lieu privilégié est la liturgie, l'Eucharistie*[13] ».

Toutefois, la *Lectio divina* dans l'histoire s'est manifestée sous diverses formes. Mais avant tout, qu'est-ce que la *Lectio divina* ?

---

[13] Benoît XVI, Exhortation apostolique *Verbum domini,* n° 86.

La *Lectio divina : Qu'est-ce que c'est* ?

La *Lectio divina* est en fait une manière de prier, présente dans l'Eglise depuis des siècles. Pour définir la *Lectio divina*, traduisons d'abord ce nom du latin au français. Littéralement, *Lectio divina* veut dire " lecture divine". Cette traduction nous permet de comprendre que la *Lectio divina* n'est pas n'importe quelle lecture.

Le qualificatif qui suit le mot "lecture" nous fait comprendre qu'elle n'est pas :

- une simple lecture de la Bible, comme celle d'un journal ou celle faite pour acquérir simplement une culture biblique.
- une lecture à but scientifique (comme l'exégèse pure ou l'usage qu'en font les autres sciences surtout celles humaines et sociales).

Si, la *Lectio divina* n'est rien de tout cela, qu'est-ce qu'elle est donc pour être une lecture divine ? La *Lectio divina* est une lecture divine :

- d'abord parce qu'elle porte sur un objet divin : la Parole de Dieu inscrite dans les Ecritures.
- ensuite parce qu'elle est réalisée sous l'action divine par la grâce de l'Esprit Saint,

- enfin parce qu'elle aide à entretenir la relation avec Dieu par la méditation, la prière, la contemplation et l'action.

C'est à cet effet que la Commission biblique pontificale nous apprend que « la *Lectio divina* est une lecture, individuelle ou communautaire, d'un passage plus ou moins long de l'Ecriture accueillie comme Parole de Dieu et se développant sous la motion de l'Esprit en méditation, prière et contemplation [14]». Mais d'où nous vient cette pratique et quel est son but ?

Aperçu historique et but de la Lectio divina.

On ne saurait donner une datation précise pour situer les débuts de la pratique de la *Lectio divina.* Si en Ac 2, 42, l'on peut retrouver déjà des allusions qui pourraient aisément faire croire à cette forme de prière, nous pensons que le succinct exposé que donne la Commission biblique pontificale est éclairant. Il l'est non seulement sur le plan historique mais aussi pour ce qui concerne son but. Ainsi, il convient de savoir que

> Le souci d'une lecture régulière, voire quotidienne, de l'Ecriture correspond à une pratique ancienne dans l'Eglise. Comme pratique collective, elle est attestée au IIIe s., à l'époque d'Origène ; celui-ci faisait l'homélie à partir d'un texte de l'Ecriture lu en continu durant la semaine. Il existait alors des assemblées quotidiennes consacrées à la lecture et à l'explication de

[14] Commission biblique pontificale, *L'interprétation de la Bible dans l'Eglise,* Paris, Cerf, 1994, p. 111.

l'Ecriture. Cette pratique, qui fut abandonnée par la suite, ne rencontrait pas toujours un grand succès auprès des chrétiens (Origène, *Hom. Gen.* X, 1). La *Lectio divina* comme pratique surtout individuelle est attestée en milieu monastique à haute époque. A la période contemporaine, une Instruction de la Commission Biblique approuvée par le pape Pie XII l'a recommandée à tous les clercs, tant séculiers que réguliers (*De Scriptura sacra*, 1950 ; EB 592). L'insistance sur la *Lectio divina* sous son double aspect, individuel et communautaire, est donc redevenue actuelle. Le but recherché est de susciter et d'alimenter "un amour effectif et constant" de la Sainte Ecriture, source de vie intérieure et de fécondité apostolique (*EB* 591 et 567), de favoriser aussi une meilleure intelligence de la liturgie et d'assurer à la Bible une place plus importante dans les études théologiques et dans la prière. La Constitution conciliaire *Dei Verbum* (n. 25) insiste également sur une lecture assidue des Ecritures pour les prêtres et les religieux. En outre, - et c'est une nouveauté, - elle invite aussi « tous les fidèles du Christ » à acquérir « par une fréquente lecture des Ecritures divines "l'éminente connaissance de Jésus Christ" (*Ph 3, 8*) ». Divers moyens sont proposés. A côté d'une lecture individuelle, une lecture en groupe est suggérée. Le texte conciliaire souligne que la prière doit accompagner la lecture de l'Ecriture, car elle est la réponse à la Parole de Dieu rencontrée dans l'Ecriture sous l'inspiration de l'Esprit. De nombreuses initiatives pour une lecture communautaire ont été prises dans le peuple chrétien et on ne peut qu'encourager ce désir d'une meilleure connaissance de Dieu et de son dessein de salut en Jésus Christ à travers les Ecritures[15].

Au nombre des initiatives pour une lecture communautaire, nous pouvons évoquer la très édifiante et connue expérience de la *Lectio divina* du Cardinal Martini avec les jeunes de l'archidiocèse

[15] Commission biblique pontificale, *Op.cit.*, 111-112.

de Milan. De nos jours, se développent des expériences similaires. Mais il faut dire que l'expérience surtout individuelle de la *Lectio divina* semble peu répandue auprès des fidèles. C'est pourtant une aventure qui n'est pas sans bienfaits pour notre vie spirituelle.

Dans son aspect individuel ou communautaire, le plus important est que la *Lectio divina* soit faite de manière à édifier. Mais alors, la question est de savoir : comment faire la *Lectio divina* ?

Comment se fait la *Lectio divina* ?

La prière est d'abord un acte du cœur. Cela n'empêche pas de chercher à apprendre à prier. D'ailleurs, c'est le désir d'apprendre à prier des disciples qui nous valut la belle prière du *Notre Père* (cf. Lc 11, 1).

En matière de méthode pour la *Lectio divina*, il faut reconnaître qu'il y a une variété mais aussi qu'il y a en toutes les approches un souffle vital. Ainsi, même si nous allons nous inspirer de la méthode héritée des moines richement exposée par le pape émérite Benoît XVI, il n'est point question pour nous d'inviter à se borner à une unique méthode ou approche.

Pour ce qui est de la méthode de la *Lectio divina* que nous évoquons dans cet opuscule, son exposé pédagogique se trouve dans L'Exhortation apostolique *Verbum Domini.* Dans son Exhortation, le pape émérite écrit :

> Je voudrais rappeler brièvement ici ses étapes fondamentales : elle s'ouvre par la lecture (*lectio*) du texte qui provoque une question portant sur la connaissance authentique de son contenu : *que dit en soi le texte biblique ?* Sans cette étape, le texte risquerait de devenir seulement un prétexte pour ne jamais sortir de nos pensées. S'en suit la méditation (*meditatio*) qui pose la question suivante : *que nous dit le texte biblique ?* Ici, chacun personnellement, mais aussi en tant que réalité communautaire, doit se laisser toucher et remettre en question, car il ne s'agit pas de considérer des paroles prononcées dans le passé mais dans le présent. L'on arrive ainsi à la prière (*oratio*) qui suppose cette autre demande : *que disons-nous au Seigneur en réponse à sa parole ?* La prière comme requête, intercession, action de grâce et louange, est la première manière par laquelle la Parole nous transforme. Enfin, la *Lectio divina* se termine par la contemplation (*contemplatio*), au cours de laquelle nous adoptons, comme don de Dieu, le même regard que Lui pour juger la réalité, et nous nous demandons : *quelle conversion de l'esprit, du cœur et de la vie le Seigneur nous demande-t-il ?* Saint Paul, dans la *Lettre aux Romains* affirme : « Ne prenez pas pour modèle le monde présent, mais transformez-vous en renouvelant votre façon de penser pour savoir reconnaître quelle est la volonté de Dieu : ce qui est bon, ce qui est capable de lui plaire, ce qui est parfait » (12, 2). La contemplation, en effet, tend à créer en nous une vision sapientielle de la réalité, conforme à Dieu, et à former en nous « la pensée du Christ » (*1 Co* 2, 16). (...) Il est bon, ensuite, de rappeler que la *Lectio divina* ne s'achève pas comme dynamique tant qu'elle ne débouche pas dans l'action (*actio*), qui porte

l'existence croyante à se faire don pour les autres dans la charité[16].

Cette approche de la *Lectio divina* est donc articulée comme suit : la *lectio*, la *meditatio*, l'*oratio*, la *contemplatio* et l'*actio*. Ces quatre premières étapes, prolongées par l'*actio,* peuvent être encadrées par une étape de préparation et de conclusion.

⊙ La préparation

Ce n'est pas une étape à négliger surtout en début d'initiation à la *Lectio divina.* Cette étape consiste à trouver un lieu calme dans sa maison ou mieux à rentrer dans la chambre de son cœur (cf. Mt 6, 6) avec les Ecritures. Pour la *Lectio divina*, il convient de choisir un des textes que nous propose la liturgie du jour. Puis, il sied de se donner un temps sans être obnubilé par le chronomètre. On peut se donner par exemple 20 à 30 minutes. Pour un début, il est conseillé de choisir des extraits relativement courts. En cela les subdivisions de la *Traduction Œcuménique de la Bible (TOB)* et de la *Bible de Jérusalem* peuvent être d'un grand recours. Prenons pour exemple la parabole sur le publicain et le pharisien :

> 9Il (Jésus) dit encore, à l'adresse de certains qui se flattaient d'être des justes et n'avaient que mépris pour les autres, la parabole que voici : 10« Deux hommes montèrent au Temple pour prier ; l'un était Pharisien et l'autre publicain.11Le Pharisien, debout, priait ainsi en lui-même : "Mon Dieu, je te rends grâces de ce que

[16] Benoît XVI, *Op. cit.,* n° 87.

je ne suis pas comme le reste des hommes, qui sont rapaces, injustes, adultères, ou bien encore comme ce publicain ; [12]je jeûne deux fois la semaine, je donne la dîme de tout ce que j'acquiers." [13]Le publicain, se tenant à distance, n'osait même pas lever les yeux au ciel, mais il se frappait la poitrine, en disant : "Mon Dieu, aie pitié du pécheur que je suis !" [14]Je vous le dis : ce dernier descendit chez lui justifié, l'autre non. Car tout homme qui s'élève sera abaissé, mais celui qui s'abaisse sera élevé." (Lc 18, 9-14).

⊙ La *lectio* (la lecture)

Cette étape peut être introduite par l'invocation de l'Esprit Saint avec un chant ou une prière, car dit le Seigneur : « Le Paraclet, l'Esprit Saint, que le Père enverra en mon nom, *lui, vous enseignera tout et vous rappellera tout ce que je vous ai dit* » (Jn 14, 26).

A cette étape, il s'agit de savoir **ce que dit le texte en lui-même**. Il faut éviter de croire tout connaître d'un texte auquel on est familier. Il est même conseillé de faire un effort de défamiliarisation avec un texte connu et de le lire avec un nouveau regard. A ce niveau, faire au moins deux ou trois lectures du texte, est une bonne option. Ces nombres de lecture visent à éteindre petit à petit le bruit intérieur en nous, pour faire régner dans notre esprit et notre cœur la voix du texte.

✓ La *première lecture* est faite pour prendre contact avec le texte et pour avoir une idée du thème central. Dans le cas de la parabole ci-dessus, on peut penser à la question de la justice comprise comme "trouver grâce auprès de Dieu ou entrer dans son amour ou encore être agréé(e) dans le mystère de sa sainteté" comme thème central.

✓ Pour la *deuxième lecture*, l'esprit sera tourné vers certains détails. Ainsi, l'on peut, avant cette lecture, lire non seulement la péricope qui vient avant le texte choisi mais aussi celle qui vient après. L'on peut aussi, simplement, prendre connaissance du cadre général dans lequel se trouve le texte. Puis en s'engageant dans la deuxième lecture, il convient, à l'intérieur du texte choisi, de prêter attention à certains indicateurs tels que le cadre (cela peut être un lieu précis ou un décor...), le temps (il s'agit de toute indication chronologique), les personnages et leurs actions.

L'attention à ces différents détails facilitera la compréhension du texte. Ils sont comme des guides pour comprendre le texte. Ils peuvent dans une certaine mesure constituer pour nous ce que fut Philippe pour l'eunuque Ethiopien (cf. Ac 8, 26-39). "Philippe", peut-être aussi, les bons commentaires déjà lus sur ce texte tels ceux des Pères de l'Eglise ou une nourrissante analyse exégétique, ou encore un sain enseignement reçu sur celui-ci lors d'une recollection, d'une

Eucharistie... En effet, « la *Lectio divina* est un grand fleuve qui charrie toutes les richesses accumulées au cours de l'histoire de l'Eglise par les fervents lecteurs de la Parole de Dieu[17] ».

Aussi, il est possible qu'un autre verset de la Bible puisse nous aider à mieux percevoir le sens de ce qu'on lit. Par exemple Mt 6, 1 peut aider à comprendre la parabole précédemment choisie. D'où une invitation à un constant contact avec les Ecritures, pour pouvoir établir, sous l'action de l'Esprit Saint, certains liens.

Il n'est pas question de chercher à retrouver exactement toutes ces indications. Parfois quelques-unes suffiront ou apparaîtront clairement. Ne soyons pas esclaves d'une méthode mais recueillons simplement ce qui est précieux dans cette méthode en laissant l'Esprit agir. N'oublions pas que la *Lectio divina* est faite sous l'action de l'Esprit et non d'abord sous l'autorité d'une méthode quelconque. Ces indications sont donc à titre suggestif pour aider à interpréter le texte selon les orientations données par le Concile Vatican II dans *Dei Verbum* au numéro 12, § 3.

✓ La troisième lecture est récapitulative. Elle doit être lente pour s'approprier le texte dans toute sa richesse.

---

[17] Robert Sarah, Nicolas Diat, *La force du silence. Contre la dictature du bruit,* Paris, Librairie Arthème Fayard/Pluriel, 2017, p. 373.

Le nombre de lecture n'est pas exclusif. Ce qui importe, c'est de passer de l'acte de la simple lecture à une perspicace lecture du texte.

Après une bonne *lectio*, nous pouvons passer à la *meditatio*.

⊙ La *meditatio* (la méditation)

A cette étape, il s'agit de rechercher **ce que le texte me dit**. Pour ce faire, l'on peut s'identifier, nommément, aux personnages du texte au cours d'une nouvelle lecture. A une nouvelle lecture peut correspondre l'identification à un personnage différent. Cet exercice peut nous conduire à découvrir intérieurement les sentiments, les motions secrètes ou attitudes de tel ou tel personnage au point même de s'approprier ces sentiments.

Pour notre parabole, l'on peut ressentir le mal que Jésus a eu au cœur de voir certains se croient parfaits au point de narguer les autres à cause de leur fragilité (cf. Lc 18, 9). Cela permet de déceler dans le reproche de Jésus, la prévenante pédagogie dont Il use. L'on pourra aussi découvrir la miséricorde de Dieu qui, aussi loin qu'il soit, voit le plus humble (cf. Ps 137, 6) et cherche à lui manifester sa présence, tout en reprenant celui qui s'égare. L'on découvrira, avec le pharisien de la parabole, comment des prouesses peuvent nous monter à la tête au point de nous conduire à mépriser les autres.

En s'identifiant au publicain, l'on peut découvrir non seulement les souffrances intérieures d'un homme se sentant loin de Dieu, à cause de ses fragilités, mais aussi la paix que produit en lui la confession de sa misère devant Dieu. Ce moment nous permet de découvrir : comment nous partageons des réalités de vie avec des personnages évoqués dans la Bible et de constater que les Ecritures ne sont pas étrangères à nos misères, à notre vie. Cela nous permet de poser un regard de vérité sur nous à travers les Ecritures tout en cherchant à percevoir le "plus" vers lequel Elles nous invitent.

En passant par ces différents sentiments intérieurs fidèles à la vérité du texte, nous pouvons, sans hypocrisie, nous reconnaître un peu plus dans un personnage par rapport à un autre. Nous débarrassant de toute supercherie, le texte biblique nous révèlera à nous-mêmes. Car, « vivante, en effet, est la Parole de Dieu, efficace et plus incisive qu'aucun glaive à deux tranchants, elle pénètre jusqu'au point de division de l'âme et de l'esprit, des articulations et des moelles, elle peut juger les sentiments et les pensées du cœur » (He 4, 12).

Aussi l'attention au cadre, nous aidera à préciser d'autres interpellations du texte. La montagne, considérée dans l'univers biblique comme lieu de prière et de rencontre avec notre Dieu, peut attirer notre attention sur notre expérience de prière. La mention du Temple, peut être un élément pour nous éveiller à être attentifs à l'Eglise comme institution et lieu de prière. Quand Jésus ordonne que le Temple ne perde pas sa valeur de lieu consacré à la prière (cf. Mt 21, 13), l'on peut saisir, dans une *Lectio divina* sur Mt 21, 12-17, l'interpellation au respect de la dignité de nos lieux de culte. Mais le Temple n'est pas seulement un lieu (cf. Jn 4, 20-23). Ainsi en s'appuyant sur les Ecritures, l'on se rend compte de la valeur de cette remarque de Saint Paul : « *Ne savez-vous pas que vous êtes le Temple de Dieu* » (1 Co 3, 16), pour méditer sur cette péricope. Cet éclairage nous permet de comprendre que notre personne dans son entièreté, dans toutes ses dimensions, revêt une dignité à préserver qui exige de ne pas la consacrer à autre chose mais plutôt de la disposer constamment sous la grâce du Dieu vivant. N'est-ce pas ce que le psalmiste exprime quand il laisse jaillir de son être ce cri où tant son esprit que sa chair recherchent le Seigneur : « Dieu, tu es mon Dieu, je te cherche dès l'aube : mon âme a soif de toi, après toi languit ma chair, terre aride, altérée, sans eau » (Ps 62, 2). La *meditatio* conduit ainsi à l'*oratio*.

⊙ L'*oratio* (l'oraison)

Avec la lumière faite par la Parole sur nous, jaillira, souvent de notre être, une prière conformément à la motion intérieure qui a élu demeure en nous au contact des Ecritures. Selon cette motion intérieure, nous pouvons louer Dieu, Le supplier, Lui demander une grâce... C'est la réponse à la question : ***que disons-nous au Seigneur en réponse à sa parole ?***

Aussi, cela peut être l'occasion pour redécouvrir toute la valeur d'une prière souvent dite machinalement. Pour notre parabole, il est possible que l'on soit amené à reprendre, juste, les mots du publicain de la parabole : "Mon Dieu, aie pitié du pécheur que je suis !". Aussi, en s'identifiant au Pharisien, l'on peut comprendre l'affectueux reproche de Jésus, au point de reprendre posément et, ce avec profond regret, les paroles du *confiteor*. L'*oratio* nous conduit vers la *contemplatio*.

⊙ La *contemplatio* (la contemplation)

A cette étape, il s'agit de revenir sur une phrase ou une image, un geste d'un personnage, surtout ceux de Jésus, qui nous a touchés. C'est le moment de découvrir le reproche que Jésus nous adresse affectueusement afin de répondre à la question : ***quelle conversion de l'esprit, du cœur et de la vie le Seigneur nous demande-t-il ?*** Dans le cas de notre parabole, c'est peut-être une invitation à l'humilité, une persévérance dans cette voie pour celui(celle) qui s'y est déjà engagé(e) ou une certitude que le Seigneur a toujours un regard affectueux posé sur l'humilié(e). Cela peut-être aussi une invitation à savoir faire un doux reproche à ceux qui, dans notre environnement, cherchent à obtenir des faveurs de nous tout en dénigrant les autres.

En réalité, c'est le moment de découvrir comment Dieu manifeste son amour et sa présence dans nos vies. Cela peut-être donc à travers le personnage auquel on s'est identifié. Cela produira en nous non seulement de la joie de se savoir assisté par Dieu mais aussi de la confiance, de la paix intérieure et une véritable sérénité. Cette sérénité rendra, pour nous, certaine cette conviction du psalmiste : « Le Seigneur est pour moi, je ne crains pas ; que pourrait un homme contre moi ? Le Seigneur est avec moi pour me défendre, et moi, je braverai mes ennemis » (Ps 117, 6-7).

Souvent, il nous arrivera de découvrir qu'au moment où nous cherchons en vain des signes du Seigneur dans nos vies, une méditation à la lumière de la Parole suffit pour découvrir ce qu'Il accomplit déjà pour nous.

Par cet acte de contemplation, l'on acquiert une certaine connaissance des œuvres du Seigneur et mieux de Lui-même. Car une véritable application à vivre cette étape peut nous aider à passer de la contemplation de l'œuvre, en notre faveur, à la contemplation de l'Auteur de cette œuvre. Là, nous atteindrons les sommets de la contemplation et nous découvrirons merveilleusement que les Ecritures rendent témoignage à Jésus-

Christ. Car, comment étudier les Ecritures et ne pas parvenir à cette vérité ! Lui-même l'exprime haut et fort aux juifs : « Vous scrutez les Écritures, parce que vous pensez avoir en elles la vie éternelle, et ce sont elles qui me rendent témoignage» (Jn 5, 39).

En fait, dans la contemplation, il arrive souvent de découvrir un visage du Seigneur qui, mystérieusement, nous fascine en nous transportant dans un règne de silence. Comme le dit le Cardinal Sarah : « Devant la majesté divine, nous perdons nos mots. (...) Devant Dieu nous sommes perdus, et devant sa grandeur, nos mots n'ont plus aucun sens »[18]. En ces instants, on est frappé d'une sorte de mutisme de se trouver en face d'une vérité de foi. L'on connaît Dieu non plus de façon notionnelle mais par une expérience spirituelle ineffable. C'est à cette unité de la connaissance et de l'expérience spirituelle qu'invite Benoît XVI lorsqu'il demande d'éviter le « profond fossé entre exégèse scientifique et *Lectio divina* »[19].

Ainsi, une bonne *Lectio divina* peut donc nous aider à comprendre des vérités de foi enseignées par le Magistère et découvrir avec clarté que l'Eglise vit des Ecritures mieux qu'Elle porte dans sa vie et dans son enseignement, la Parole de Dieu.

---

[18] Robert Sarah, Nicolas Diat, *Op. cit.*, 2017, pp. 185-186.

[19] Benoît XVI, Exhortation apostolique *Verbum Domini*, n° 35.

Avec un peu d'attention, l'on aura perçu que tout en étant pleinement présents à toutes les étapes de la *Lecio divina*, l'aspect de la prière et celui de la connaissance, évoqués dans la méthode de l'Eglise rappelée par le Cardinal Sarah, se manifestent clairement et respectivement au niveau de l'*oratio* et de la *contemplatio*. Mais pour y parvenir authentiquement, il faut passer par la *lectio* et la *meditatio*. De même, l'authenticité de ces démarches devrait se lire dans le témoignage de vie puisque l'Eglise tient en haute estime que la *lex credendi* (la foi) se manifeste dans la *lex orandi* (la prière) et se prolonge dans la *lex vivendi* (la vie).

Ainsi le dernier moment de la *Lectio divina* qui lie l'espace de prière à celui de la vie est l'*actio*.

⊙ L'*actio* (l'action)

Ce moment est celui du fameux **« que devons-nous faire ?** » qui a retenti dans la bouche des auditeurs de la Parole annoncée par Pierre en Ac 2, 37. Il s'agit de laisser notre vie refléter la Parole. Ceci peut aller du témoignage de l'expérience vécue, en une *Lectio divina*, à l'accomplissement d'un acte concret.

D'ailleurs, comme le souligne une hymne pascale, l'expérience avec Jésus au carrefour des Ecritures, suscite souvent un élan missionnaire :

Jésus qui m'a brûlé cœur
Au carrefour des Ecritures,
Ne permets pas que leur blessure
En moi se ferme :
Tourne mes sens à l'intérieur.
Force mes pas à l'aventure,
Pour que le feu de ton bonheur
A d'autres prenne ! [20]

En nous référant à la parabole ci-dessus, il peut être question de poser un regard de considération sur une personne que nous méprisons. Aussi, à la suite d'une *Lectio divina* sur Lc 10, 38-42, l'on peut, en comprenant la nécessité de faire une place à l'écoute du Seigneur, se décider, au milieu des exigences liées à notre état, pour un temps d'adoration silencieuse dans la journée. Une *Lectio divina* sur Jn 6, 52-58 peut éveiller en nous un plus grand amour pour l'Eucharistie ; celle de Mc 13, 21-23 nous aidera, peut-être, à adopter l'attitude de vigilance face aux faux prophètes. Les Ecritures nous suggèrent donc des actes concrets formant en nous des *habitus*. C'est ainsi que la Parole de Dieu nous transformera de façon concrète en nous proposant une culture de vie.

Ajoutons par exemple qu'une *Lectio divina* sur Lc 15, 11-32, inspirera la volonté de renouer une relation brisée avec une personne, mieux avec Dieu par le sacrement de la réconciliation.

[20] D. Rimaud, « Jésus qui m'a brûlé le cœur », dans *Prière du temps présent,* Paris, Cerf, Desclée, Desclée de Brower, Mame, Verbum Bible, 2007, p. 345.

Aussi, celle de Mt 2, 13-15 peut nous inspirer d'être défenseurs de la vie contre toute forme de culture de la mort (avortement volontaire, suicide, complicité pour nuire...).

Nous découvrons ainsi comment, avec sa grâce, le Seigneur par sa Parole donne du souffle à notre vie spirituelle et forme en nous de lucides jugements et *habitus* éthiques sans besoin d'initiation à des raisonnements sophistiqués. C'est donc avec justesse que le psalmiste affirme : « Déchiffrer ta parole illumine et les simples comprennent » (Ps 118, 130).

Saint Paul aussi voit juste quand il nous demande de nous laisser transformer par la volonté de Dieu (Rm 12, 2) que les Ecritures renferment. Ainsi, Elles sont capables de nous transformer. Par cette pratique spirituelle, le Seigneur fera de nous des remparts de bronze (cf. Jr 15, 20) comme il en fit jadis la promesse à Jérémie qui dévorait les Paroles du Seigneur quand il les rencontrait, tant celles-ci faisaient les délices de son cœur (cf. Jr 15, 16). D'ailleurs, Jésus, lui-même, l'affirme : « Quiconque écoute ces paroles que je viens de dire et les met en pratique, peut se comparer à un homme avisé qui a bâti sa maison sur le roc » (Mt 7, 24). A présent, l'on peut percevoir avec clarté que la *Lectio divina* est l'une des magnifiques expressions de la prière comme roc de la vie chrétienne.

Celui qui laisse Dieu, peu à peu, prendre possession de sa vie, devient véritablement son Temple (cf. 1 Co 3, 16) et Dieu sera son rempart. Ainsi, qui s'engage en adversité contre celui-là ou celle-là, s'engage contre Dieu Lui-même.

⊙ Conclusion

On peut conclure la *Lectio divina* par un chant ou une prière d'action de grâce.

Il est bien pour un début d'aller calmement et de ne pas extrapoler les étapes. Cela prendra du temps, mais ce temps se révèlera très utile car une bonne initiation vaut mieux qu'une initiation boiteuse. L'appétit venant en mangeant, plus l'on s'y adonnera, plus on en découvrira la saveur et en éprouvera la valeur pour sa vie spirituelle. La fréquence de la pratique s'imposera d'elle-même.

L'on aura perçu avec finesse qu'au-delà d'une méthode de prière, c'est à un véritable contact, mieux à une vie spirituelle basée sur les Ecritures que nous vous avons invités, en ces lignes ci-dessus, afin que nos cœurs deviennent brûlants à leur contact (cf. Lc 24, 32) et que nous y découvrons le Chemin, la Vérité et la Vie (cf. Jn 14, 6). C'est à juste titre que le pape émérite Benoît XVI évoque « l'exigence d'une approche priante du texte sacré comme élément fondamental de la vie spirituelle de tout croyant[21]».

Sans prétendre donner une liste exhaustive des avantages que procure la Parole de Dieu, nous laissons à la médiation de tous, cet enseignement de Saint Paul à son fils spirituel Timothée : « Toute Écriture est inspirée de Dieu et utile pour enseigner, réfuter, redresser, former à la justice : ainsi l'homme de Dieu se trouve-t-il accompli, équipé pour toute œuvre bonne.» (2 Tm 3, 16-17).

S'il y a à reconnaître que chaque personne a ses limites et ses fragilités, il y a aussi à avouer qu'avec la grâce de Dieu, l'expérience de la *Lectio divina* édifie toujours.

Aussi, si l'on ne néglige pas sa pratique communautaire, l'on ne manquera pas de recueillir de plus grands fruits au niveau spirituel et éthique.

En outre, soulignons que l'on peut vivre parfois des moments d'aridité dans la pratique de la *Lectio divina*. C'est une expérience commune à tous les exercices spirituels. Et qui sait, si dans le silence de ce désert intérieur, la Parole ne trace pas des voies mystérieuses ! Le Seigneur ne dit-il pas cette belle et mystérieuse parole à son peuple : « Moi, je t'ai connu au désert, au pays de l'aridité » (Os 13, 5).

---

[21] Benoît XVI, Exhortation apostolique *Verbum Domini,* n° 86.

Que chacun fasse donc son expérience !

CONCLUSION

Pour conclure, nous voulons évoquer ce que nous relate le livre de Néhémie du chapitre 8 au chapitre 10. En effet, après avoir découvert le caractère prophétique de la Parole de Dieu, le peuple se mit à pleurer pour le temps perdu loin de celle-ci. Les lévites et les prêtres les invitèrent à ne pas adopter cette attitude mais plutôt à arborer un air de joie et à marcher désormais selon Elle. Le peuple obéit, confessa son péché et surtout prit la résolution de marcher désormais selon la Parole de Dieu. ***Qu'un certain constat n'amène personne à pleurer pour le temps perdu mais plutôt ravive le désir de marcher selon la Parole dans ce monde où les ténèbres tendent à vouloir imposer leur règne***. Dans un tel contexte, le psalmiste a raison de dire : « Ta Parole est la lumière de mes pas, la lampe de ma route » (Ps 118, 105). Ce verset qui traduit toute la valeur de la Parole de Dieu vient d'un psaume qui nous aide à méditer longuement sur l'œuvre de celle-ci dans la vie du croyant. C'est à cet effet que nous le proposons à la section suivante pour le méditer et le prier.

MEDITATION DU PSAUME 119 (118)

Le psaume 118 est le plus long des psaumes. Ce psaume est très riche sur les plans littéraire, spirituel... Il fait l'éloge de la Loi divine, la Parole de Dieu qui nous est offerte par les Ecritures. Pour percevoir ce lien, il nous faut mentionner que les dix commandements, rappelant la Loi divine, sont désignés en hébreu par l'expression : *debarim*, c'est-à-dire paroles. Ainsi, l'on peut dire que les Ecritures sont au fond ces paroles qui expriment la Loi divine. Les méditer, c'est méditer la Loi divine. Et pour nous chrétiens, Saint Augustin a offert l'un des plus beaux commentaires qui soit sur ce psaume. En lisant ce commentaire, on résisterait difficilement à faire de ce psaume sa prière.

L'Eglise, pour nous aider, pédagogiquement, à prier ce psaume, l'a intégré à la liturgie des heures et l'a précisément fixé comme premier psaume à la prière des milieux du jour selon une division propre couvrant vingt-deux jours[22]. Ainsi ce psaume est prié à presque tous les milieux du jour à l'exception de ceux du dimanche, de celui du lundi de la première semaine et de celui du vendredi de la troisième semaine.

---

[22] Paul VI, Constitution apostolique *Laudis canticum*, n° 132.

En reproduisant, ci-dessous, ce psaume, selon la division que nous propose l'Eglise, notre intention est d'en faciliter une médiation progressive.

On gagnerait à méditer tranquillement ce psaume, peut-être sur vingt-deux jours pour un début en pesant la valeur de chaque mot, des expressions de confiance, de fidélité et des exhortations contenues dans cette longue prière ainsi que leur vérité pour une vie chrétienne.

La jeunesse, « cette part la plus délicate et la plus précieuse de la société humaine »,[23] trouvera la réponse à sa préoccupation souvent récurrente : « Comment, jeune, garder pur son chemin ? » (Ps 118, 9). Car le psalmiste y répond : « En observant ta Parole » (Ps 118, 9). La réponse du psalmiste permet à chaque jeune de comprendre toute la valeur de cette déclaration de l'Ancien aux jeunes gens dans la première épitre johannique : « Je vous ai écrit, jeunes gens, parce que vous êtes forts, que la Parole de Dieu demeure en vous et que vous avez vaincu le Mauvais » (1 Jn 2, 14). Oui, au cœur des épreuves, les jeunes sont capables d'offrir des témoignages édifiants. De manière explicite, en méditant la deuxième partie du verset précédent, chaque jeune peut

[23] MB 11, 45 cité par *Constitutions et Règlements de la Société de Saint François de Sales*, Rome, 2003, article 1 des *Constitutions*.

comprendre que c'est en laissant la Parole de Dieu habiter en lui qu'il ou elle deviendra fort(e).

Notre souhait est que chacun(e), surtout chaque jeune, n'hésite pas à s'engager dans cette aventure spirituelle. Dieu n'enlève rien, il donne tout.

Qu'Il vous bénisse.

Psaume 119 (118)[24] : ELOGE DE LA LOI DIVINE

I

1 Heureux les hommes intègres dans leurs voies
qui marchent suivant la loi du Seigneur !
2 Heureux ceux qui gardent ses exigences,
ils le cherchent de tout cœur !
3 Jamais ils ne commettent d'injustice,
ils marchent dans ses voies.
4 Toi, tu promulgues des préceptes à observer entièrement.
5 Puissent mes voies s'affermir à observer tes commandements !
6 Ainsi je ne serai pas humilié quand je contemple tes volontés.
7 D'un cœur droit, je pourrai te rendre grâce,
instruit de tes justes décisions.
8 Tes commandements, je les observe :
ne m'abandonne pas entièrement.

II

9 Comment, jeune, garder pur son chemin ?
En observant ta parole.
10 De tout mon cœur, je te cherche ;
garde-moi de fuir tes volontés.
11 Dans mon cœur, je conserve tes promesses
pour ne pas faillir envers toi.
12 Toi, Seigneur, tu es béni : apprends-moi tes commandements.
13 Je fais repasser sur mes lèvres chaque décision de ta bouche.
14 Je trouve dans la voie de tes exigences plus de joie
que dans toutes les richesses.
15 Je veux méditer sur tes préceptes et contempler tes voies.

---

24 Nous avons opté ici pour la version liturgique de ce psaume. Le premier numéro est celui de la numérotation du texte biblique hébreu, le second correspond à la numérotation de la traduction grecque, appelée Septante, et dont s'inspire la numérotation utilisée dans la liturgie des heures.

16 Je trouve en tes commandements mon plaisir,
je n'oublie pas ta parole.

III

17 Sois bon pour ton serviteur, et je vivrai, j'observerai ta parole.
18 Ouvre mes yeux, que je contemple les merveilles de ta loi.
19 Je suis un étranger sur la terre ; ne me cache pas tes volontés.
20 Mon âme a brûlé de désir en tout temps pour tes décisions.
21 Tu menaces les orgueilleux, les maudits,
ceux qui fuient tes volontés.
22 Épargne-moi l'insulte et le mépris : je garde tes exigences.
23 Lorsque des grands accusent ton serviteur,
je médite sur tes ordres.
24 Je trouve mon plaisir en tes exigences :
ce sont elles qui me conseillent.

IV

25 Mon âme est collée à la poussière ;
fais-moi vivre selon ta parole.
26 J'énumère mes voies : tu me réponds ;
apprends-moi tes commandements.
27 Montre-moi la voie de tes préceptes,
que je médite sur tes merveilles.
28 La tristesse m'arrache des larmes :
relève-moi selon ta parole.
29 Détourne-moi de la voie du mensonge,
fais-moi la grâce de ta loi.
30 J'ai choisi la voie de la fidélité, je m'ajuste à tes décisions.
31 Je me tiens collé à tes exigences ;
Seigneur, garde-moi d'être humilié.
32 Je cours dans la voie de tes volontés,
car tu mets au large mon cœur.

V

33 Enseigne-moi, Seigneur, le chemin de tes ordres ;
à les garder, j'aurai ma récompense.
34 Montre-moi comment garder ta loi,
que je l'observe de tout cœur.
35 Guide-moi sur la voie de tes volontés, là, je me plais.
36 Incline mon cœur vers tes exigences, non pas vers le profit.
37 Détourne mes yeux des idoles :
que tes chemins me fassent vivre.
38 Pour ton serviteur accomplis ta promesse
qui nous fera t'adorer.
39 Détourne l'insulte qui m'effraie ;
tes décisions sont bienfaisantes.
40 Vois, j'ai désiré tes préceptes : par ta justice fais-moi vivre.

VI

41 Que vienne à moi, Seigneur, ton amour,
et ton salut, selon ta promesse.
42 J'aurai pour qui m'insulte une réponse,
car je m'appuie sur ta parole.
43 N'ôte pas de ma bouche la parole de vérité,
car j'espère tes décisions.
44 J'observerai sans relâche ta loi, toujours et à jamais.
45 Je marcherai librement, car je cherche tes préceptes.
46 Devant les rois je parlerai de tes exigences
et ne serai pas humilié.
47 Je trouve mon plaisir en tes volontés,
oui, vraiment, je les aime.
48 Je tends les mains vers tes volontés,
je les aime, je médite sur tes ordres.

VII

49 Rappelle-toi ta parole à ton serviteur,
celle dont tu fis mon espoir.
50 Elle est ma consolation dans mon épreuve :
ta promesse me fait vivre.
51 Des orgueilleux m'ont accablé de railleries,
je n'ai pas dévié de ta loi.
52 Je me rappelle tes décisions d'autrefois :
voilà ma consolation, Seigneur.
53 Face aux impies, la fureur me prend,
car ils abandonnent ta loi.
54 J'ai fait de tes commandements mon cantique
dans ma demeure d'étranger.
55 La nuit, je me rappelle ton nom pour observer ta loi.
56 Ce qui me revient, Seigneur, c'est de garder tes préceptes.

VIII

57 Mon partage, Seigneur, je l'ai dit, c'est d'observer tes paroles.
58 De tout mon cœur, je quête ton regard :
pitié pour moi selon tes promesses.
59 J'examine la voie que j'ai prise :
mes pas me ramènent à tes exigences.
60 Je me hâte, et ne tarde pas, d'observer tes volontés.
61 Les pièges de l'impie m'environnent, je n'oublie pas ta loi.
62 Au milieu de la nuit, je me lève
et te rends grâce pour tes justes décisions.
63 Je suis lié à tous ceux qui te craignent
et qui observent tes préceptes.
64 Ton amour, Seigneur, emplit la terre ;
apprends-moi tes commandements.

IX

65 Tu fais le bonheur de ton serviteur, Seigneur, selon ta parole.
66 Apprends-moi à bien saisir, à bien juger :
je me fie à tes volontés.
67 Avant d'avoir souffert, je m'égarais ;
maintenant, j'observe tes ordres.
68 Toi, tu es bon, tu fais du bien :
apprends-moi tes commandements.
69 Des orgueilleux m'ont couvert de calomnies :
de tout cœur, je garde tes préceptes.
70 Leur cœur, alourdi, s'est fermé ; moi, je prends plaisir à ta loi.
71 C'est pour mon bien que j'ai souffert,
ainsi, ai-je appris tes commandements.
72 Mon bonheur, c'est la loi de ta bouche,
plus qu'un monceau d'or ou d'argent.

X

73 Tes mains m'ont façonné, affermi ;
éclaire-moi, que j'apprenne tes volontés.
74 A me voir, ceux qui te craignent se réjouissent,
car j'espère en ta parole.
75 Seigneur, je le sais, tes décisions sont justes ;
tu es fidèle quand tu m'éprouves.
76 Que j'aie pour consolation ton amour
selon tes promesses à ton serviteur !
77 Que vienne à moi ta tendresse,
et je vivrai : ta loi fait mon plaisir.
78 Honte aux orgueilleux qui m'accablent de mensonges ;
moi, je médite sur tes préceptes.
79 Qu'ils se tournent vers moi, ceux qui te craignent,
ceux qui connaissent tes exigences.
80 Que j'aie par tes commandements le cœur intègre :

alors je ne serai pas humilié.

XI

81 Usé par l'attente du salut, j'espère encore ta parole.
82 L'œil usé d'attendre tes promesses,
j'ai dit : « Quand vas-tu me consoler ? »
83 Devenu comme une outre durcie par la fumée,
je n'oublie pas tes commandements.
84 Combien de jours ton serviteur vivra-t-il ?
quand jugeras-tu mes persécuteurs ?
85 Des orgueilleux ont creusé pour moi une fosse
au mépris de ta loi.
86 Tous tes ordres ne sont que fidélité ;
mensonge, mes poursuivants : aide-moi !
87 Ils ont failli m'user, me mettre à terre :
je n'ai pas abandonné tes préceptes.
88 Fais-moi vivre selon ton amour :
j'observerai les décrets de ta bouche.

XII

89 Pour toujours, ta parole, Seigneur, se dresse dans les cieux.
90 Ta fidélité demeure d'âge en âge,
la terre que tu fixas tient bon.
91 Jusqu'à ce jour, le monde tient par tes décisions :
toute chose est ta servante.
92 Si je n'avais mon plaisir dans ta loi, je périrais de misère.
93 Jamais je n'oublierai tes préceptes : par eux tu me fais vivre.
94 Je suis à toi : sauve-moi, car je cherche tes préceptes.
95 Des impies escomptent ma perte :
moi, je réfléchis à tes exigences.
96 De toute perfection, j'ai vu la limite ;
tes volontés sont d'une ampleur infinie.

XIII

97 De quel amour j'aime ta loi : tout le jour je la médite !
98 Je surpasse en habileté mes ennemis,
car je fais miennes pour toujours tes volontés.
99 Je surpasse en sagesse tous mes maîtres,
car je médite tes exigences.
100 Je surpasse en intelligence les anciens,
car je garde tes préceptes.
101 Des chemins du mal, je détourne mes pas,
afin d'observer ta parole.
102 De tes décisions, je ne veux pas m'écarter,
car c'est toi qui m'enseignes.
103 Qu'elle est douce à mon palais ta promesse :
le miel a moins de saveur dans ma bouche !
104 Tes préceptes m'ont donné l'intelligence :
je hais tout chemin de mensonge.

XIV

105 Ta parole est la lumière de mes pas, la lampe de ma route.
106 Je l'ai juré, je tiendrai mon serment,
j'observerai tes justes décisions.
107 J'ai vraiment trop souffert, Seigneur ;
fais-moi vivre selon ta parole.
108 Accepte en offrande ma prière,
Seigneur : apprends-moi tes décisions.
109 A tout instant j'expose ma vie : je n'oublie rien de ta loi.
110 Des impies me tendent un piège :
je ne dévie pas de tes préceptes.
111 Tes exigences resteront mon héritage, la joie de mon cœur.
112 Mon cœur incline à pratiquer tes commandements :
c'est à jamais ma récompense.

XV

113 Je hais les cœurs partagés ; j'aime ta loi.
114 Toi, mon abri, mon bouclier ! j'espère en ta parole.
115 Écartez-vous de moi, méchants :
je garderai les volontés de mon Dieu.
116 Que ta promesse me soutienne, et je vivrai :
ne déçois pas mon attente.
117 Sois mon appui : je serai sauvé ; j'ai toujours tes commandements
devant les yeux.
118 Tu rejettes ceux qui fuient tes commandements :
leur ruse les égare.
119 Tu mets au rebut tous les impies de la terre ;
c'est pourquoi j'aime tes exigences.
120 Ma chair tremble de peur devant toi :
tes décisions m'inspirent la crainte.

XVI

121 J'ai agi selon le droit et la justice :
ne me livre pas à mes bourreaux.
122 Assure le bonheur de ton serviteur :
que les orgueilleux ne me tourmentent plus !
123 Mes yeux se sont usés à guetter le salut
et les promesses de ta justice.
124 Agis pour ton serviteur selon ton amour,
apprends-moi tes commandements.
125 Je suis ton serviteur, éclaire-moi : je connaîtrai tes exigences.
126 Seigneur, il est temps que tu agisses : on a violé ta loi.
127 Aussi j'aime tes volontés, plus que l'or le plus précieux.
128 Je me règle sur chacun de tes préceptes,
je hais tout chemin de mensonge.

XVII

129 Quelle merveille, tes exigences, aussi mon âme les garde !
130 Déchiffrer ta parole illumine et les simples comprennent.
131 La bouche grande ouverte, j'aspire, assoiffé de tes volontés.
132 Aie pitié de moi, regarde-moi :
tu le fais pour qui aime ton nom.
133 Que ta promesse assure mes pas :
qu'aucun mal ne triomphe de moi !
134 Rachète-moi de l'oppression des hommes,
que j'observe tes préceptes.
135 Pour ton serviteur que ton visage s'illumine :
apprends-moi tes commandements.
136 Mes yeux ruissellent de larmes car on n'observe pas ta loi.

XVIII

137 Toi, tu es juste, Seigneur, tu es droit dans tes décisions.
138 Tu promulgues tes exigences avec justice,
avec entière fidélité.
139 Quand mes oppresseurs oublient ta parole,
une ardeur me consume.
140 Ta promesse tout entière est pure,
elle est aimée de ton serviteur.
141 Moi, le chétif, le méprisé, je n'oublie pas tes préceptes.
142 Justice éternelle est ta justice, et vérité, ta loi.
143 La détresse et l'angoisse m'ont saisi ;
je trouve en tes volontés mon plaisir.
144 Justice éternelle, tes exigences ; éclaire-moi, et je vivrai.

XIX

145 J'appelle de tout mon cœur : réponds-moi ;
je garderai tes commandements.

146 Je t'appelle, Seigneur, sauve-moi ; j'observerai tes exigences.
147 Je devance l'aurore et j'implore : j'espère en ta parole.
148 Mes yeux devancent la fin de la nuit
pour méditer sur ta promesse.
149 Dans ton amour, Seigneur, écoute ma voix :
selon tes décisions fais-moi vivre !
150 Ceux qui poursuivent le mal s'approchent,
ils s'éloignent de ta loi.
151 Toi, Seigneur, tu es proche, tout dans tes ordres est vérité.
152 Depuis longtemps je le sais :
tu as fondé pour toujours tes exigences.

XX

153 Vois ma misère : délivre-moi ; je n'oublie pas ta loi.
154 Soutiens ma cause : défends-moi,
en ta promesse fais-moi vivre !
155 Le salut s'éloigne des impies
qui ne cherchent pas tes commandements.
156 Seigneur, ta tendresse est sans mesure :
selon ta décision fais-moi vivre !
157 Ils sont nombreux mes persécuteurs, mes oppresseurs ;
je ne dévie pas de tes exigences.
158 J'ai vu les renégats : ils me répugnent,
car ils ignorent ta promesse.
159 Vois combien j'aime tes préceptes,
Seigneur, fais-moi vivre selon ton amour !
160 Le fondement de ta parole est vérité ;
éternelles sont tes justes décisions.

XXI

161 Des grands me persécutent sans raison ;
mon cœur ne craint que ta parole.

162 Tel celui qui trouve un grand butin,
je me réjouis de tes promesses.
163 Je hais, je déteste le mensonge ; ta loi, je l'aime.
164 Sept fois chaque jour, je te loue pour tes justes décisions.
165 Grande est la paix de qui aime ta loi ; jamais il ne trébuche.
166 Seigneur, j'attends de toi le salut : j'accomplis tes volontés.
167 Tes exigences, mon âme les observe :
oui, vraiment, je les aime.
168 J'observe tes exigences et tes préceptes :
toutes mes voies sont devant toi.

XXII

169 Que mon cri parvienne devant toi,
éclaire-moi selon ta parole, Seigneur.
170 Que ma prière arrive jusqu'à toi ;
délivre-moi selon ta promesse.
171 Que chante sur mes lèvres ta louange,
car tu m'apprends tes commandements.
172 Que ma langue redise tes promesses,
car tout est justice en tes volontés.
173 Que ta main vienne à mon aide, car j'ai choisi tes préceptes.
174 J'ai le désir de ton salut, Seigneur : ta loi fait mon plaisir.
175 Que je vive et que mon âme te loue !
Tes décisions me soient en aide !
176 Je m'égare, brebis perdue : * viens chercher ton serviteur.
Je n'oublie pas tes volontés.

PRIE

L'Amour apprivoise l'image
Tabernacle futur adoré par les mages
Attirés par le présage d'une nature bienveillante
La création convoque à la prière...

Insidieuse faute défigurant la créature
Dont la noblesse entachée ne désespère point
De la Miséricorde embaumant les plaies de l'âme
L'espoir est une prière...

Oh ! Cerf galopant hors des prés
Cherche pas si loin la Source
Qui à jamais t'abreuvera
Ta soif est une prière...

L'Ecriture renouvelle et irradie d'Alliances
Un vieil amour entre l'homme et Dieu
La grammaire de l'histoire est dans le Livre Saint
Le texte sacré flamboie de prières...

L'oraison est sacrement d'éternité
- « Apprends-moi à prier » demande le disciple
- « Abba... » répond le Maître
Le testament est une prière…

Prie...

Roméo Salami

Source biblique :

- *Bible de Jérusalem*, 4e édition, Paris, Cerf, 2010.

Document de la Tradition de l'Eglise :

- Origène, *Origenis Epistola ad Gregorium.*

Documents magistériels :

- Benoît XVI, Exhortation apostolique *Verbum domini,*

- Benoît XVI, Homélie de la messe inaugurale de son pontificat, 24 avril 2005.

- Jean-Paul II, Encyclique *Fides et Ratio.*

- Paul VI, Constitution apostolique *Laudis canticum.*

- Commission biblique pontificale, *L'interprétation de la Bible dans l'Eglise,* Paris, Cerf, 1994.

- *Constitutions et Règlements de la Société de Saint François de Sales*, Rome, 2003.

Document liturgique :

- *Prière du temps présent,* Paris, Cerf, Desclée, Desclée de Brower, Mame, Verbum Bible, 2007.

Ouvrages :

- Kierkegaard Søren, *Traité du désespoir,* Paris, Gallimard, 1945.

- Sarah Robert, Diat Nicolas, *Dieu ou rien,* Paris, Fayard, 2015.

- Sarah Robert, Diat Nicolas, *La force du silence. Contre la dictature du bruit,* Paris, Librairie Arthème Fayard/Pluriel, 2017.

Printed by Books on Demand GmbH, Norderstedt / Germany